고양이 밑줄을 긋고 간 날

오영효 시집

도서출판 실천

고양이 밑줄을 긋고 간 날
시와편견 서정시선 078

초판 1쇄 인쇄 | 2023년 3월 30일
초판 1쇄 발행 | 2023년 4월 5일

지 은 이 | 오영효
펴 낸 이 | 민수현
엮 은 이 | 이어산
기 획 · 제 작 | 계간 시와편견
발 행 처 | 도서출판 실천
등 록 번 호 | 제2021-000009호
등 록 일 자 | 2021년 3월 19일

서울사무실 | 서울특별시 종로구 율곡로 6길 36
          02)766-4580, 010-6687-4580

편   집   실 | 경남 진주시 동부로 169번길 12 윙스타워 A동 810호
전   화 | 055)763-2245, 010-3945-2245
팩   스 | 055)762-0124
전 자 우 편 | 0022leesk@hanmail.net
편 집 · 인 쇄 | 도서출판 실천
디자인실장 | 이예운   디자인팀 | 변선희, 이청아, 김승현

ISBN 979-11-92374-17-8
값 12,000원

* 이 책은 전부 또는 일부 내용을 재사용하려면 저작권자와 '도서출판 실천'의 동의를 받아야 합니다.
* 이 책의 국립중앙도서관 출판예정도서목록(CIP)은 서지정보유통지원시스템(http://seoji.nl.go.kr)과 국가자료종합목록시스템(http://www.nl.go.kr/kolisnet)에서 이용하실 수 있습니다.
* 잘못된 책은 교환해드립니다

고양이 밑줄을 긋고 간 날

오영효 시집

■ 시인의 말

미숙한 자음과 모음이

어느 황량한 가슴에 가 닿아

잠시라도 따스한 문장으로

머물다 갔으면…

어두운 길 앞서 걸으며

등불로 비춰주신

K선생님께 고마움입니다.

2023년 봄 날

오영효

■ 차례

1부
작은 물목을 만들며

꽃살   12
작설   13
한 모금의 삼월   14
파랑   15
동백이 웃다   16
篇篇한 숲   17
빗소리 명상   19
어디에 닿을까   21
표절   22
1호선 전철   23
투명한 편지   25
만취   26
말을 트다   27
새벽 詩   28
지우려 해도   29
닦지 마세요   30
한 권의 시집   31

2부
잠시 잠깐 개찰구가 열리는 계절

바람　34

빗소리 명상 2　35

수묵 산행　37

여백을 찾아　39

야옹이는 심심할 틈이 없어요　41

이름을 엮는 밤　43

꽃 단추　45

작은 별　46

저녁의 끝마디　47

가을 기차　48

해국　49

낮잠 속에 오셨네　50

알집을 놓는 순간　52

날개　54

길을 묻다　56

투명한 산책　58

떠나간 사람　59

3부
서로의 그늘

꽃 지다	62
곁으로	63
꽃이 없는 날들	64
꿈은 잠깐	65
느리게 가는 기차	67
어느 모서리	69
안개가 사라지듯	70
스무날의 일기	72
검은 비 한 가닥	74
스며들다	76
빗방울이 대신 울어요	77
이젠 여기 없어요	79
밥	80
발효된 그 이름	82
줄	83
어머니의 꽃 날	84
먼 길	86

4부
깜박이는 점멸등

아름다운 적멸　90
어제로 가는 기차　91
할머니의 시편　92
방전　93
종이 귀신　94
빈 집에 혼자　96
풍경이 다녀가다　97
앙숙과 친구 사이　99
소실점　101
허기　102
난감한 봄볕　103
남겨진 시간들　105
시 쓰는 고양이　106
출렁거리는 오후　108
흐르지 않는 밤　109
말들 무덤　110
詩를 묶으며　111
시집해설_ 복효근 시인　114

1부

작은 물목을 만들며

꽃살

맑은 그늘에 이끌려
내소사 대웅보전 앞에 섰습니다

꽃잎의 무구한 민낯은
나지막이 읊는 독경을 닮았고

안으로 걸어 잠근 향기는
사미니의 아껴둔 눈물 같아서,

두 손의 여린 기도
부처님 앞에 내려놓을 때

저녁 예불 목탁 소리에
아미타불 노을이 피어납니다

작설

뜨겁지 않게 식힌 물을
쪼르르 마른 입술에
적셔주었는데

삼켰던 울음 꺼내듯
검푸른 부리를 조금씩
달싹거렸다

작고 여린 혀들이
따스한 찻종 속에
풀어놓은 노래는

참 맑았다

한 모금의 삼월

구름산 약수터는
꽁꽁 묶어 두었던 계절을
한 방울씩
풀어내고 있었습니다

제 몸 부풀리며 겨우내
투명한 소리의 발을 묶어놓고
따스한 햇살을 기다렸던 겁니다

얼음 건너온 물의 입김은
떨며 추위 견딘 마른 풀잎에게
숨결 가만히 불어넣고 있었지요

턱 밑에 받쳐 둔 조롱박 속에서
방울방울 퍼져오는 소리의 파장들
따끔 한 모금 삼월을 마십니다

파랑

버드나무 그림자가
갓 피어난 초록의 눈으로
호수를 읽습니다

조용히 페이지를 기워가는
문장의 쉼표마다
흔들리는 꼬리의 매듭을 짓고

따스한 바람이
쥐어주고 간 봄의 음표 하나
가슴에 고운 파랑이입니다

물결 사이 여백에도
당신의 들숨 날숨
흔적으로 남아

오늘도
밑줄 그은 행간에
가만히 손끝 올려봅니다

동백이 웃다

가슴 한복판에
소복이 눈이 쌓였네

향긋한 심장을 달고
한 생을 건너와

꽃봉오리에 내려놓는 노래
찌찌찌찌 찌리릭,

부리 닿은 가지마다
꽃 문 여는 하얀 동백

篇篇한 숲

정남진 장흥에
편백을 두고
멀리서 생각만 했다

이 계절 가기 전,

어젯밤 내린 비로
침엽의 이파리마다
맑은 새벽이 맺혔다

톱밥 향기는 사륵사륵
걸음을 받으며 귓속말을 하고
알아듣지는 못하지만, 그에게
스며들고 있다는 걸 안다

새들은 젖은 새벽을 물고 날아갔다

오월의 거기는

아끼는 인연처럼
넘치게 품어주는
향기가 있다

빗소리 명상

책의 귀처럼 접어 두었던
봄날의 숙제,
비 오는 날
안양천 벚꽃 길을 찾아갔었네

우산이 떠받드는
빗소리와
꽃잎이 받아내는 빗소리는
서로 다른 감성으로 젖고 있었네

떨어지는 꽃잎 하나 주워
명치에 얹어 놓고
돌아누운 문장을 생각하네

식은 행간에 찾아올
나의 연둣빛은
얼마나 멀리서 걸어오는 걸까

비의 가장자리에

봄은

초록으로 자라는데

어디에 닿을까

텁텁한 열기 속에서
지글지글 곱창을
내 속인 듯 네 속인 듯 함께 구우며
맑은 술잔 속에 들어앉아
함께 말 춤을 춘다

포차는 깊은 새벽을 향해
달리고

술 취한 승객들은
삐걱거리는 테이블을
치며
오늘도 계통 없이,
고래고래

의자에 졸고 있는
그림자를 깨워
또 한 잔 걸치면
쓸쓸한 역을 지나 어디에 닿을까

표절

보글보글
밤을 우는 개구리
몰래 와서 찔레꽃을 탐하는
눈썹달

작은 물목을 만들며
쏟아지는 소나기
토당토당 장독 위에 수를
놓는 빗방울

이런 것들을
백지 위에 베껴 쓰고는
제목 밑에 슬그머니 적는
이름 석자

참 민망할 때가 있습니다

1호선 전철

식어버린 화산의 맥박을 찾아
흐르다 굳은 시간 속으로 갔다

구름 속에 문이 잠긴 음식점
폼페이 최후의 날,
유리창 너머 실내에는
변색된 은 접시와 잔이 놓여있었다

밖에 앉아 기다리는 동안
사르누스강 쪽에서 불어오는 먼지바람
생각은 멀리
아득한 저편의 화석들을 뒤적인다

폐허는
어디서 와서 몸과 마음을 조금씩
식은 재로 쌓여가게 하는 걸까

철새들이 떠나간 빈 가슴에

어스름이 고여 들고 있었다

최후의 날을 돼 뇌이며
허기와 궁금증은 깊어만 가는데
끝내 음식점은 문을 열지 않았다

저물녘의 동두천 보산역 플랫폼,
1호선 전철은
시간을 건너 움직이기 시작했다

투명한 편지

차고 맑은 빗방울입니다

라디오 앞에 앉아
알 수 없는 건너편을
생각합니다

빗방울 속에서
젖어가는 속눈썹

돌아가 밑줄을 긋고 싶은
몇 개의 시간,

당신이 남긴 짧은 문장에
출렁이던 가슴

그 자리에
산란한 詩의 맥박들

만취

양은 막걸리 잔속
진달래 꽃배를 띄웠네

세상일은 까무룩 지우고
우리 그 섬에 가자했네

어제도 내일도 없는 거기서
몽돌과 모래알로 살아 보자고,

잔이 거듭 될수록
파도는 연이어 몰려왔네

잔속에 꽃잎은 아쉬운
봄 속으로 침몰하고 있었네

말을 트다

눈 도 못 뜨고
버둥대던 새끼 고양이
꽁이와 양이
어미 젖꼭지를 찾았다

말랑한 배가 볼록하게
젖을 빨고는
꽃발바닥 치켜들고
세상 편한 잠을 잔다

날마다 통통해지더니
혀 위에 서툰
옹아리를 굴려본다

분홍빛 입 속을 보여주며
애옹 애에옹
물결 속에 흔들리는
햇살 같은 말

새벽 詩

사각사각 연필을 깎자니
종이 위에 소복이
숲의 속살이 쌓인다

향기로운 살내음
막힌 길의 행간에
물 길 트일 것 같아서,

촉을 나란히 세워놓으면
가늘게 흔들리는
각시붓꽃 이파리

휘어지는 바람 끝에
아슬아슬 흔들리는
보랏빛 꽃

지우려 해도

남원 송동 녹차원
고요 한 줌을
얻어왔습니다

마른 찻잎에 물을 붓고
당신을 떠올립니다

맞은편 빈자리에
한 잔을 더 따라놓고
고요는 깊어만 갑니다

여린 빛 차향으로 우러나던 사람
지워지지 않을 사람

닦지 마세요

별일 없느냐는
안부 카톡에

산문이(애묘)가 장판에
오줌을 흥건히 싸놓고 갔어요

명치에
마지막 숨 얹어주고,

한 권의 시집

지하철 옆자리에 앉았던 그 사람

읽고 있던 시집 여백에
가지런히 써준 추천 시집
K 시인의 "오동나무 안에 잠들다"

글이 품은 소리의 향기가
잔잔한 물결로 저며 온다

반한다는 말
감성의 큰 전환점이 된다는 말

낡은 표지를 덧대가며
시의 길을 따라가다 보면
나 또한 거기 그림으로 서게 된다

문득문득 생각날 때마다
가만히 마음 숙이며
문장 속의 그를 만난다

2부

잠시 잠깐 개찰구가 열리는 계절

바람

물결 속에 내려앉은
햇살로

아프게 넘치는 이름 하나
생을 흔들던 때 있었네

낡은 세월의 모퉁이에
맴도는 남겨진 그 소리

사찰의 귓불에서
해탈에 이르는 물고기처럼

살도 뼈도 다 버린 그때
훨훨 바람이 되자 했네

빗소리 명상 2

묵묵히 오래 견디면
구름을 이해할 수
있을까요

비를 맞고 숲 속에
꼼짝없이 서서
빗방울을 꽉 끌어안으면,

나무처럼
마음의 여기저기 곁가지에
잎이 돋아날까요

솔바람이 찾아와
정수리에 고인 비의 소리를
읽어줄까요

자욱한 안갯속
잃어버린 노래를

찾아줄까요

빗소리를 틀어놓은 오후
나는 벌써 숲 속에 섭니다

수묵 산행

무엇이 어두운 산을
오르게 했을까요

밤은
산을 삼키고
나는 한 걸음씩 번져갑니다

부엉이가 먼 데서 깊숙이 울고
멈칫 돌아보지만 기척 없는,

먹물 같은 적막

축축한 바위에 앉아
아무것도 할 수 없는 나는
밤의 여백이 될 뿐입니다

산 아래 아득히
깜박이는 불빛 거기

두고 온 나는
누구입니까

여백을 찾아

낡은 약속 하나
기다리는 것처럼
비 오는 아침 기차를 탄다

흔들리는 꽃들과 함께
마주 오는 열차를
손 흔들며 먼저 보내는
그런 여백

사는 일도 그랬으면 싶었다

빗방울이 거리를 두고
흘러내리던 창
그가 남긴 몇 마디 말에
머물고 싶었던,

흐려진 안개를 닦아내자

조금 멀리
강촌역이 보이기 시작했다

야옹이는 심심할 틈이 없어요

다락방에 숨어든 아이는
줄무늬 고양이가 되었어요
삐걱삐걱 널빤지 바닥이 울면
야옹야옹 달래주면서
햇빛이 살짝 엿보는 창을 열어요
감나무에 앉은 참새들은 놀라
탄환처럼 다다다 날아갔어요
아이는 앞발을 뻗어
흰 구름을 한 움큼, 돌돌
말아 구르고 던지며 정신없이 놀다
공놀이도 시들해지면
쪽 볕 한 장을 깔고
낮잠을 자요
콧수염을 실룩실룩,
자면서도 엄마 발자국 헤아려요
애야! 어디 있니..
서둘러 사람이 되려고 급히
계단으로 내려와 보니

다락방의 먼지 때문에
줄무늬가 더 많이 생겨버렸어요

이름을 엮는 밤

그분은
밥상을 펴고
낡은 연필을 깎습니다

커다란 달력 뒷면에
처음 한글을 배우다 만 그때처럼
들쭉날쭉 글자를 그려 갑니다

식구들 이름과 생일
입술을 꼭 다물고 새겨갑니다
먼저 간 셋째를 불러올 때는
조심스럽게 손이 떨립니다

연필 끝에 침을 바르며
막내까지 모두 쓰고 나면,

처음부터 다시
울퉁불퉁 새끼줄을 꼬듯,

쉼표도 띄어쓰기도 없는 소리글을
되풀이 되풀이 엮어갑니다

우리들은 그 새끼줄에
붉은 고추와 검은 숯으로 나란히
매달렸던 때 있었습니다

꽃 단추

남몰래
꽃단추를 만들던 때 있었네

어디엔가 꼭 맞는
향기를 찾아,

오래인 것도 잠깐인 것도 같은
시간을 건너,

아귀마다 찬바람 드나드는
헐거운 집

압화로 퇴색된 꽃 단추 하나
둘 곳 없는 마음자리

작은 별
_지용 문학관 가는 길

버스를 타고
옥천으로 가는 동안,

창밖에는 추적추적 비가 내리고
와이퍼는 연신 유리에 맺히는
상념들을 닦아 내리고 있었다

아직도 그는 긴 의자의
옆자리를 비워 둔 채
고여 드는 눈빛으로 작은 별을
기다리고 있을까,

무겁게 내려앉은 하늘
젖기만 하는 가로수

달리는 버스 안에서
언듯 스치는 환영 하나
푸드덕,
피 맺힌 새 한 마리 날아들었다

저녁의 끝마디

참새 떼가 돌아오는 시간
댓잎에 바람 부비는 소리

어스름과 노을이 섞이며
하루의 마디가 자라는 숲

빈 대 통 속에
죽염 다지듯 목소리를 쟁이고
새떼가 잠잠해지면

아픈 것도 안 아픈 것도 같은 마음
가만히 내려놓는다

저녁은 그렇게 날개를 접었다

가을 기차

풀벌레 우는 밤
멀리 가는
기차를 탈 수 있다면

레일 위의
쓸쓸한 파문으로
우리의 노래 지을 수 있다면

잠시 잠깐
개찰구가 열리는 계절

건너의 당신에게
갈 수 있다면

해국

가을이 다 가도록
침묵으로 기다리는 꽃
유난히 속눈썹이 길었다

먼 수평선만 바라보는
그의 쓸쓸함을 알 수는 없었다
어린 날 떠나버린 엄마를
잠시 되뇌었을 뿐

갯바위에 앉아 바위틈
바람에 흔들리는 꽃잎처럼
어둠이 내려도 일어설 줄 몰랐다

보랏빛 꽃잎을
투명한 잔속에 넣고

그녀의 먼 곳을 우려내는
오후 한 때

낮잠 속에 오셨네

볕이 도타워지면
꽃무늬 몸빼를 차려입고
섶다리로 갑니다

삐걱거리는 무릎을
달래며
또 한 해를 이어갑니다

발목에 박혀 있던 얼음을
몇 겹의 여린 물결로
보듬어 주는 곳

안개 서린 눈빛으로
송사리 떼를 보고 있으면
눈 꼬리 주름도 출렁입니다

몸빼에 핀 꽃잎을
하나씩 따서

어린 물고기에게 띄워 보내는,

봄의 주문이 솔솔 피어나는
오후입니다

알집을 놓는 순간

연두에서 실록으로
막 결을 바꾸는
늦은 봄 숲

작은 벌레 한 마리가
갈참나무 이파리로
참 열심히도 집을 만듭니다

그 속에
햇볕 한 자락 깔고
여민 겹 사이사이
어미의 따순 입김으로
밀봉해 놓고

몇 바퀴 알집을
꼼꼼히 둘러본 뒤
짧은 인연의 잎맥을 끊습니다

왕거위벌레

단호한 그들의 대물림이

낡은 질문이 될 때도 있습니다

날개

장비를 차고 바위에 붙었다

숨겼던 손톱을 꺼내
피멍의 필적을 새긴다

팽팽한 호흡으로
바위비늘 틈새에 발끝을 꽂는다
한 발짝 가벼워지는
지난 시간의 무게

심장 속에 새를 키우는 사람들,

추락의 공포를 건너고 나면
수직의 벽도
수평의 길이 되는 법

다 비워내고
정상에 발을 놓아야

바람의 날개를 얻을 수 있다고,

하늘 한쪽 가슴에 품고
한 뼘씩 깃털을 얻기 위해
상승기류를 더듬는다

길을 묻다

밑줄 보다 사선이
더 많은 문장 앞에
선생님의 굳은 표정이 있습니다

행간 사이를 다시 이어보라고
기다려주는,
무겁고 긴 시간 사이에
그의 나직한 그늘을 봅니다

또다시 하얀 벽에 갇히고 마는,
언제쯤 죽은 말의 등을 넘을 수 있을까

분명 그 너머에는 숨통 트이는
길이 보일 것만 같은데

자신을 찾는 일이란
어쩌면 거기
닿을 수 없을지도 모르지만,

그러나
오늘도 수업 중입니다

투명한 산책

말갛게 씻긴 낙엽 길을
맨발로 걸었다

길은 부드럽게 젖었고
비는 어느새 그쳤다

빗물방울은 하늘과 햇볕을 데려와
짧은 아침을 노래했다

낮은 허밍으로 손을 잡고 우린
아무 말도 하지 않았다

떠나간 사람

아우라지는
안개를 벗어 내리고
그제야 새벽길을 나섰다

그의 검푸른 입술,

가랑비에 젖은
징검돌은
이곳과 먼 세상을 이어놓았다

떠나보낸 인연 하나
물안개로 떠오르고
잔물결은 모래톱만 적시곤 했다

3부

서로의 그늘

꽃 지다

발아래 소복이
향기를 다한 종소리가 쌓이고

떨어진 꽃잎은
이제 그 이름도 놓았다

밤사이 조용히 날숨 접고
먼 길 가신 어머니

봄볕이 다가와 다독다독
조문을 하고 갔다

화단 모퉁이에
멧으로 쌓인 붉은 철쭉

곁으로

늘 먼 곳

욕지도

솔방울이 구르는 곳,

바닷가의 바람 속에

그가 있다

꽃이 없는 날들

사월에
꽃씨를 묻어놓고,

피고 피는 보라색
나팔꽃을 보리라

나는 기다렸는데
열흘이 가까워도 기척이 없다

좁은 화분에 심은 게
잘못이었나,

중학교 교우지에 시 한 편 올리고
꿈을 꾸기 시작했지만

뿌려 볼 흙 한 줌 없는 나는
깨우지 못할 씨앗을 명치에 심었다

해마다 사월은 다녀만 갔다

꿈은 잠깐

봄비 지나가던 날
돌아가신 아버지의
애첩으로 키우던 모란을
데려왔습니다

아침 볕
한 자락을 깔아놓자 꽃은
계절의 첫 단추를 풀 듯
봉긋한 섶을 열고 있었습니다

먼 길 오신 아버지는
베란다에 쪼그려 앉아
그녀에게 말을 겁니다

너도 오는 길이 험하지 않더냐
아침이면 애써 활짝 피워놓고
밤이면 왜 문을 안으로 거느냐
나는 꼼짝없이 여기 지키고 있는데,

아버지는 결국

해 질 녘부터

투명한 몸 꽃잎 속에 누이시고

함께 밤을 보냅니다

느리게 가는 기차

느려서 오래가는
기차를 타려고 캠룹스역* 에 갔다

레일 위를 달리는 안단테리듬,

삶 쪽으로만 기울던 생각을
역방향으로 돌려놓았다

슬쩍 나를 놓쳐보는 일

바람사이로 반짝이는 나뭇잎과
서있는 듯 흐르는 강물이 보이고,

맑은 풍경으로 앉아
또 다른 나를 열어 본다

뒤틀리고 가라앉은 기류와
억눌렸던 몸의 소리가

살 밖으로 빠져나갔다

기차는 여전히 걸음 속도로
풍경을 연주했다

*캠룹스역 : 캐나다의 시골 간이역

어느 모서리

저 큰 교회의 목사가 되었어요
어머니도 기쁘시지요
늘 바라시던 일이잖아요
스며들지 않는 말을
기도처럼 되뇌는 사람이 있었다

소리 죽여 우는 아들이
하느님의 손을 찾고 있을 때
꺼져가는 불씨의 눈길로 그녀는
숨 가쁜 호흡을 고르고 있다

주렁주렁 링거 줄을 늘어뜨린 침상에는
몇 방울의 핏자국과 잦아드는 숨길

검은 그림자가 어룽거렸다

목동병원 2층 중환자실
유리벽 너머 내리는 눈은
아득히 먼 곳의 풍경 같았다

안개가 사라지듯
- 마추픽추

열린 문 그 너머에는

하루에도 몇 번씩
빗방울과 햇살이 뒤바뀌고 있었다

축축한 돌의 도시,

떠오르는 태양 우러러
두 손 모으던 제사장은
부족을 이끌고 어디로 갔을까

서둘러 몸만 깨워 떠나던
그들의 먼 길

물음표만 남기며
흘리고 간 눈물을 찾아
안갯속으로 천천히
걸음을 옮긴다

케나*에서 흘러나오는 흐느낌을
풀밭 어린 라마가 핥고 있었다

*케나 : 인디오인들의 민속악기

스무날의 일기

군데군데 밥과 물을 놓아주며
밥그릇의 기억을 되살리려
빈 그릇을 채워주며 기척을 남겼다

겁 많은 녀석,
어둡고 외진 구석에 꼼짝 없이
머리를 박고 기다리는 걸까

볕 좋은 거실에 뒹굴며
꼬리로 말하던 녀석
가르랑 가르랑 주파수를 맞추던 녀석,

벽에 붙인 전단지 속에서
야옹 하고 뛰어나올 것만 같아서

그래도 허기지면
돌아오겠지,
모니터에 눈을 떼지 못하던 밤

철커덕!
긴 꼬리를 한 기다림이
포획망 안으로 뛰어들었다

검은 비 한 가닥

우산을 접고 들어선
짜장면집 구석 식탁에서
입가에 춘장을 듬뿍 묻힌
일곱 살이 있다

뿌연 창에 맺혔던
몇 가닥 빗방울이 멈췄다
흘러내린다

손톱만 한 고기 몇 점 건져
면발 위에 올려주면
또 한 번 벌씸 크게 웃던
까까중머리 셋째 동생,

신열로 앓다가
샛별 따라 먼 길
혼자 떠난 아이

비 듣는 날이면
끊어지는 빗줄기를
면발처럼 이어 보는
안개의 시간

그쳤던 비는 다시 내리고 나는
굳어가는 면발 대신
단무지만 씹고 있었다

스며들다
－영주 소수서원

둥근 마루 같은 잎들은
서로의 그늘을 포개놓고,

탁청지는 쉬고 있습니다

꽃 피우고 지우는 동안
누렇게 지친 어깨는
바람이 다녀 갈 때마다
삭은 그림자를 내려놓습니다

먼 길 넘어와
편평히 눕고 싶을 때
그 마루 위에 가만히 내려놓으면
자울자울 졸음이 올 것 같아서,

머리 하얀 자매는
볕 바른 의자에 앉아
연못의 고요에 스며듭니다

빗방울이 대신 울어요

노란 새끼 고양이는
버릇처럼 비만 오면 베란다
화분에 올라앉는다

말썽꾸러기를 버리고
나무와 한 몸이 되어
굵은 빗줄기만 넋 놓고 바라본다

어미 잃은
그때처럼 끊임없이
비 내리는 날은
상처가 덧나는 시간,

맺혔다 흐르는 슬픔을
두 발로 긁고 또 긁는 것은
빗물 속에 사라진 목소리가
들리기 때문일까

눈동자 속으로 또르륵
빗방울 하나
탯줄을 지우며 굴러간다

이젠 여기 없어요
―성호에게

그는, 호스를 모두 거두고
임종실로 내려갔다

무중력에 떨어지는
낙엽처럼 가라앉고 있었다

숨죽인 가족에게
잦아드는 숨소리로 뭔가를 물었다

아무도 그의 귓속에
넣어줄 말이 없었다

이내
심전도 모니터에
길고 푸른 수평선이 이어졌다

밥

유모차에 쌓인 오늘을
어둑한 가로등 아래 부려놓고
털썩, 폐지처럼 무너져 내린다

반 지하 불 꺼진 창
명치 속에 아프게 고이는 말
주먹으로 쿵쿵, 풀어낸다

지지리 복도 없는 놈
하필이면 깨진 벽 같은
내 가슴 틈새
풀씨로 날아들었을꼬,

눈곱 낀 가로등은
먹먹히 골목길만 내려다보고

마른 입속으로
물 말은 찬밥 한 숟갈

밀어 넣어 보지만

끝내 목 넘김에 걸리는 손주 놈,

폐지 걷어차고
어미 찾아 나간 지 벌써 며칠째
오늘은 어디서 밥이나 먹었는지

발효된 그 이름

단물 다 내려놓은
매실을 건져놓고

그이를 생각했다

쪼그라든 열매 속에
침고이게 하던 푸른 날

시고 달고 향기롭던
그의 계절도 있었다

시리고 먼 시간, 온몸을
바닥으로 가라앉힌 어머니

이제
어렴풋이 조금은 알 것도 같은,

따스한 차 한 잔
마주하고 싶은 날 있다

줄

거품 같은 새벽을 게워놓고
눈을 감았다

짧은 생의 흔적을 닦아주며
몇 방울의 기도가 위안이 될까

목줄만 잡으면 겅중거리며
저 먼저 대문을 나서던 솔솔이

서로의 교감으로
느슨해지기도 팽팽해지기도 했던 길

떠나고 보내는 일은
좀처럼 익숙해지지 않는데,

오늘도 산책하기 좋은 아침
현관 벽걸이에 덩그러니 목줄만 걸렸다

어머니의 꽃 날

가지 끝에
볼록볼록 피멍으로
맺힌 꽃망울

이웃 동네 처녀가 끌려갔다는 소문,

서둘러 어린 신부가 된 그녀,

아직 시린 바람에
얼굴 붉게 언사람

해방둥이 아이를 낳고
봄을 지워버린 사람

사월
진달래가 피면

하얀 반죽 위에

잃어버린 꽃을 피우는
그녀

먼 길

알을 벗고 나오는 순간
본능에 매달린다고 할 수밖에
새끼 거북의 숨 찬 달리기를,

종이 위에 던져진 낱말들은
하얀 거품 위로 금방이라도
올라탈 수 있을 것 같았는데

등껍질에 갑골문 새길 겨를도 없이
몸속의 운율을 다 익히기도 전
극소수의 생존율에 목숨을 걸었다

모래웅덩이에 뒤집혀
행간을 잃어버린 낱말과 새끼거북은
끝내 출렁이는 이야기에 닿을 수 있을까

새벽까지 자판 위를
내달려 보지만
푸른 바다는 멀기만 했다

# 4부

깜박이는 점멸등

아름다운 적멸

꽃잎

하나

심중에

담고

먼

길

떠날 수 있다면

어제로 가는 기차

역방향의 자리에 앉아
뒤로 뒤로 밀려가는
시간을 바라봅니다

점점 묽어지는
그림 속으로 어제의 풍경이
사라지고 있습니다

정차한 역에서 맞은편 여자는
깜박 생각 속에 깨어나
서둘러 내리느라 그림자도 놓치고,

내린 그를 두고
기차가 모랭 이를 돌아 떠나면
멀어지던 여자도 지워집니다

미래를 등지고 앉은
나의 저물녘은
종착역이 점점 멀어집니다

할머니의 시편

잘 익은 벼와
콩 팥 수수 곶감
대들보에 매달린 옥수수

그녀의 가을 시는
어느 봄부터 순한 흙에
습작한 서정이었다

한 권의 책으로 엮어둔 곳간,

무거운 하루를 내려놓으면
관절은 조금 더 헐거워지는 시간
잠든 그녀의 숨결 곁에, 어둠은
나란히 누워 함께 앓았던 날들,

그녀의 계절은 사라지고
마디마디 통증을 기억하는지
삐걱거리는 낡은 문만
바람 속에 혼자 흔들린다

방전

하얀 승용차만 나타나면
자리를 박차고 달려가다
번번이 고개 떨구고 마는
젖은 노을을 보았다

약속의 자리
도로변 가드레일 앞,

바람에 대고 낮은 울음을
꺼내보지만
멀어지는 미등만 점점이,

오늘도 싸늘한 밤은 막막하다

끊어진 길을 이어보려
안간힘을 다해 보지만
꺼져가는 숨소리
노란 점멸등으로 깜박인다

종이 귀신

걸핏하면 문장에 홀려
컴퓨터 앞에 무릎을 꿇는다
단어와 단어 사이엔
벽이 세워지고
머리는 또 한 번 백지가 된다

빗물에 갈피가 붙어버린
책 앞에 막혀버린 말문이나
실어증 걸린 새벽이
알아들을 수 없는 소리만
꺽꺽거리기는 매한가지다

모판처럼 모니터에
글자를 가지런히 심어 보지만
물길 없어 목마른 문장들만
숨통을 조여 온다

결국 지우기만 반복하다

나까지 톡톡 삼켜버리는
자판기의 건조한 입술

어쩌다 출력된 문자들은 번번이
일그러지고 쓸쓸한

귀신같은 얼굴 하나

빈 집에 혼자

양철뚜껑으로 덮인 우물
긴 세월 혼자 늙어간다

샘물이 살아 숨 쉴 때는
할머니의 검정고무신이 있고
봉숭아 꽃물도 있었다

우물을 맴돌던 아이는
멀고 먼 낯선 곳으로
떠난 지 오래,

퍼내지 못해 야위어간 글자들을
황량한 가슴에 담고
대문 없는 집을 돌아 나온다

풍경이 다녀가다

마음이
낡은 집의 쪽마루 같아서
고요가 깃들 때가 많았다

얕은 지붕에
눈이 내릴 때는 생각이
멀리 나가보기도 한다

겨울 해가
내려앉는 시간에는 잠시
할머니의 손길이
따스하게 만져지고

추운 고양이가 지나갈 때는
냉기가 돌아
붉은 노을을 당겨 덮는다

이 모두는

지나가는 풍경이고
마루는 늘 비어있었다

앙숙과 친구사이

인형 뽑기 박스에서 건진
생쥐 한 마리를
새끼 고양이 꽁이에게 던져주었다

앞발로 살살 건드려 보더니
이내 드리블, 구석으로 몰고 가
공중제비를 돌리며 같이 구른다

한참을 정신 팔고 노는
꽁이 눈에서 순간순간
포식의 푸른 유전이 빛났다

귀라도 뜯기지 않았는지
자다 말고 새끼 쥐를 찾아보는데

먹다 남은 제 밥그릇 위에
얌전히 올려놓고 저는
곤히 잠들어 있었다

놀이보다 허기보다
잠이 더 커진 밤이었다

소실점

심장에서 생성된 말이 있어
끝내
부화하지 못할,

허기

낮은 양철지붕
채반 위에
맑게 씻긴 물고기

큰 입도 모자라
배까지 활짝 열어젖히고
하늘 마시는

저 아귀들

난감한 봄볕

돌아보지 못한 몇 날 사이
때늦은 눈구름이 다녀갔다

봄을 가까이 두고
군자란 잎들은 밤사이
누렇게 숨을 놓았다

뱀 눈 같은 싸락눈이 내리던 날
일곱 살 동생을 뒷산 돌무덤 속에
혼자 눕혀놓고
내려오던 아버지의 허공 발걸음,

꽃대도 못 올린 군자란을
뽑아내니
언 발가락들만 웅크리고 있었다

삼월의 향기를
수의로 입혀 보내고

속 빈 화분 앞에 앉아

햇볕도 참 난감한 아침 이었다

남겨진 시간들

백옥 삼베 나들이옷 입고
붉은 꽃 입술 마지막 단장
먼 길 떠나는 어머니

굽은 등 기대던 벽
얼룩 너머로
한 세계가 각인되어 있다

서로를 의지하던,

누더기 털 뭉치 녀석
사흘을 앓던 솔솔이는
그만 따라나섰다

시 쓰는 고양이

꽁이는 자판 위
턱을 고이고 엎드려
작은 꼬리로 톡톡 글을 쓴다

종이 귀퉁이를 물어뜯다가
게슴츠레 졸린 눈 스르르 감으며
시 쓰는 꿈 속으로 건너가는 걸까

문자를 베고 고르릉 고르릉
어느 행간 엉킨 실마리를 찾고 있는지
긴 수염을 움찔움찔,

어미를 잃고 체온이 사라지던 밤
방울방울 수액이 그려놓던
생의 둥근 파장을 떠올리는 걸까

아니면 생각 없이 써내려 간

비문을 삭제하고 있는지, 놓친
탈자들을 끼워 넣으며 묘생의
틀린 문장을 퇴고하고 있는지

잠 속의 작은 혀로
입맛을 다신다

출렁거리는 오후

비 개인 오후
무심코 숲길을 걷는데
연둣빛 자벌레 한 마리
길을 건너고 있었네

내딛던 발을 되돌리려다
중심을 잃고 그만
쿵!

한 자 한 자
바늘땀 거리를 가늠하던
어머니의 굽은 손가락

놀란 길바닥이
잠시 출렁거렸네

흐르지 않는 밤

양평 단월
백동 저수지에는
상현달이 내려앉았다

낚싯대를 펴고
깜깜한 수초 사이를 헤매는
어린 별을 기다린다

깊은 하늘에 닿을 만큼
봉돌을 던져놓고,

소쩍새는 간간히
멀리 울고 있었다

말들 무덤

남은 시간은
배우고 쓰는 일뿐인데,

백지 앞에선
매번 연필심을 다듬는다

점 하나도 내딛지 못해
한 마디의 새벽도 불러오지 못할 때,

돌아보면 얽히고 잘려버린
문장의 발목들

말의 무덤 속
봉분으로 쌓인 하얀 뼈들

결국
어둑한 그 속으로 나는
걸어 들어갈 것이다

詩를 묶으며

어느 날
죽어가는 고양이를 데리고 왔다
어미를 잃었거나 버림받았거나,
달포가량을 보살피며 치료했다
링거를 달고 가습기를 틀고
조명과 온도를 조절하며
위태로운 아기의 숨소리를 지켜봤다
눈과 입 주위에
죽음의 진드기가 없어지고
예쁜 새끼고양이로 다시 태어났다

이젠 허허로운 삶에 위로가 된 꽁이,
아쉽게도 심하게 앓았던 탓에
목소리를 잃어버렸지만
입에서 나오는 헛바람 소리가
그의 다정한 목소리가 되어
우리만의 소중한 바람의 말을 가졌다

두루마리 휴지를 다 풀어놓고
숨어버릴 땐 아주 난감하지만,
거실 바닥에 배를 뒤집고 벌렁 누워
잠들어 있을 때는 나도 곁에서
그의 심장소리를 받아들이며
보드라운 잠에 빠지고 싶어진다
함께 살며 몇 편의 고양이 얘기도
쓰게 되었다 고마운 꽁이 덕분일까
이제 시를 쓰는 길이
조금은 보일 것 같은데,

곧 삼월이 오고 있다
사람들은 겨울옷을 챙겨 넣을까 말까를
망설이는 계절의 행간,
겨울나무의 가지도 물을 맞을
준비를 한다
뻣뻣한 직립이 부드러워지고
곧 연둣빛이 배어 나올 것 같아서,

산길을 걸으며 우듬지부터
휘어지는 곡선을 자꾸 올려다본다
움츠렸던 마음에도 새잎이 트고
봄에 찾아올 것들을 생각하며
맥박 속에 따스한 안개가 피어난다

■ □ 시집해설

적막과 교감으로 빚어내는 시적 아우라

복효근 시인

1. 정밀한 적막의 미학

고요가 '아무 소리도 없음'으로 물리적 현상을 나타내는 말이라면, 적막은 물리적 의미를 넘어 심리적 풍경과 관련된 단어이다. 오영효 시인의 시에는 고요가 있다. 온통 고요하다. "나지막이 읊는 독경" 소리가 있고 "저녁 예불 목탁 소리"가 있고 "찌찌찌찌 찌리릭," 우는 동박새 소리가 있지만, 이들은 소리라기보다는 차라리 고요를 나타내는 소리다. 그 고요의 소리로 그려내는 시인의 내면 풍경은 끝 모를 깊이와 따스한 연민의 온도를 지녔다. 따라서 그의 시는 고요를 넘어선 적막의 언어로 직조되어 있다고 말해야 옳다. 그 적막은 심장 근처를 두드리는 파동과 오래 귓가를 울리는 파장이 있다. 그 파동과 파장을 따라 적막의 깊이를 헤아리고 그 온도를 측정하는 일이 오영효 시인의 시를 이해하는 길이다.

시인의 시 전편 가운데 유난히 눈에 띄는 시가 「꽃살」이다.
그가 적막으로 길어내는 시 세계의 깊이가 잘 드러난 시다.

맑은 그늘에 이끌려
내소사 대웅보전 앞에 섰습니다

꽃잎의 무구한 민낯은
나지막이 읊는 독경을 닮았고

안으로 걸어 잠근 향기는
사미니의 아껴둔 눈물 같아서,

두 손의 여린 기도
부처님 앞에 내려놓을 때

저녁 예불 목탁 소리에
아미타불 노을이 피어납니다

_「꽃살」 전문

여기서 꽃살은 사찰 내소사 대웅보전의 꽃살문을 가리킨다. 대웅전 큰 문의 나무문살이 온통 연꽃, 모란, 국화 등 꽃무늬로 새겨져 있다. 청정도량 부처의 세계를 장엄하는 것이

다. 애초 단청이 입혀졌었는지는 모르나 낡고 퇴색하여 고색
창연하고 고졸한 멋으로 유명한 문살이다. 그 꽃문살, 단청
을 입지 않고 시간에 풍화되어가는 꽃잎의 무구한 민낯을 시
인은 비유를 통해 청각적 심상으로 그려낸다. 즉 민낯의 '꽃
살'이 "나지막이 읊는 독경"과 같다는 것이다. 꽃문살이 독경
같다니, 나지막이 읊는 독경 소리 같다니! 빼어난 비유가 아
닐 수 없다. 그 독경은 귀로 듣는 게 아니라 눈을 통해 꽃의
형상으로 듣는다. 고요의 소리가 아닐 수 없다.

 문은 안으로 잠겨있다. 걸어 잠근 문 안 대웅전엔 가득 향
기가 차 있을진대 꽃문살을 통하여 흘러나오는 그 향기를 시
인은 "사미니의 아껴둔 눈물 같"다고 표현한다. 역시 후각을
시각화시키는 놀라운 비유를 구사하고 있음을 본다. 향기를
시각으로 맡는 것이다. 사미니는 출가를 하여 사미니 10계를
받았으나 아직 정식 비구니 구족계를 받지 아니한 예비 스님
을 가리킨다. 세속과 절연하고 불도를 이루어 성불하겠다는
염원이 간절할수록 그 정진의 길은 고행의 길이 아닐 수 없
다. 어찌 소리 내어 울고 싶은 순간이 한두 번일까. 그러나
함부로 울 수도 없어 눈물을 아낄 수밖에 없다. 그 염원도 향
기롭지만 그 인욕의 자세 또한 향기롭지 않을 수 없다. "안으
로 걸어 잠근 향기"는 그래서 대웅보전에 가득한 향기와 함
께 사미니의 내면 풍경을 표현한 것으로 볼 수 있다. 그래서
'향기 = 눈물'의 등식이 성립되는 것이다.

 이 시에서 "두 손의 여린 기도"라는 표현을 보면 기도의 주
체가 누구인지 모호하다. 사미니의 기도인지 혹은 시적 화자
의 기도인 분명하지 않다. 아니 구분할 필요가 없다. 어느 쪽

으로 해석해도 무방하다. 시인이 의도한 바일 것이다. 아미타불은 서방정토 극락세계를 주재하는 부처로서 중생을 극락으로 이끈다는 구원불이다. 사미니의 기도이든 시적 화자의 기도이든 이 고해로부터 구원을 바라는 눈물의 기도가 아미타불에게 바쳐질 때 그 기도에 응답하듯 저녁 예불을 알리는 목탁 소리가 울린다. 그와 함께 서해의 노을이 장엄하게 비친다.

꽃살을 통해 짧게 그려낸 한 폭의 풍경이지만 독자가 펼치는 상상 속의 풍경엔 결코 간단하지 않은 서사가 그려진다. 그리고 "맑은 그늘", "나지막이 읊는 독경", "안으로 걸어 잠근", "아껴둔 눈물", "여린 기도", "저녁 예불"과 같은 표현은 모두 차분하고 고요하며 정적이며 하강의 이미지를 그려내는 표현들이다. 독경과 목탁 소리가 등장하지만, 이 시에서 '소리'는 오히려 고요보다 깊은 적막의 경지를 드러낸다 할 수 있다. 여기에 맞춰 '-습니다'체의 어미 처리가 더 시의 분위기를 적막으로 이끄는 데 이바지하고 있음을 본다. 이처럼 오영효 시인의 시는 적막의 언어로 그 시적 비의를 드러내는 데 하나의 특징이 있다고 하겠다. 다음에 인용되는 사도 같은 맥락에서 얘기할 수 있겠다.

뜨겁지 않게 식힌 물을
쪼르르 마른 입술에
적셔주었는데

삼켰던 울음 꺼내듯
검푸른 부리를 조금씩
달싹거렸다

작고 여린 혀들이
따스한 찻종 속에
풀어놓은 노래는

참 맑았다

_「작설」전문

 작설은 '참새의 혀'라는 뜻으로 여린 찻잎의 형상을 가리킨다. 이 여린 잎으로 만든 차가 작설차다. 구증구포라 하여 여러 번 덖고 말려서 차를 제조한다. 온갖 정성을 다 기울여 차를 만드는 것이다. 시인은 찻잎을 다관에 넣고 조심스럽게 물을 붓는다. 너무 뜨겁지 않게 약간 그 열기를 다스려 물을 붓는 것이다. 그것을 시인은 마른 입술을 적시는 것으로 표현한다. 작설차를 찻잎이면서 차의 입이면서 참새의 입으로 상상하게 만드는 것이다. 찻잎이 살아난다. 새가 살아난다. "삼켰던 울음 꺼내듯/ 검푸른 부리를 조금씩 /달싹거렸다" 그리고 새는 "작고 여린 혀"로 따스한 찻종 속에 노래를 풀어놓는다. 그 노래는 맑다. 찻물 따르는 소리 들리는 듯하다. 그리고 그 물에 풀리는 찻잎이 새가 노래하듯 노래하는 소리 들리는 듯하다. 그러나 소리가 나지 않는 소리들이다. 적막의 소리다. 시인이 그려내는 소리는 이처럼 깊고 깊은 적막의 내면에서 울리는 소리다. 그 소리는 그래서 참 맑다. 이 맑음마저 적막의 깊이를 드러내는 표현에 다름 아니다. 들리는 소리마저 적막으로 침잠시키고 들리지 않은 소리를 적막의 빛깔로 드러낸다. 찻잎은 삼켰던 울음을 참 맑은 노래로 풀어낸다. 그 찻잎을 보면서 차를 마시는 근본적 이유를 사유하며 삶의 의미를 음미한다. 다선일미茶禪一味라 하는 말도 있는 것처럼 차를 마시는 행위가 이 적막의 언어로 말미암아 선적인 명상의 경지로 승화되는 것을 볼 수 있다.

이는 「동백이 웃다」라는 작품에서도 확인할 수 있다. "향긋한 심장을 달고/ 한 생을 건너와// 꽃봉오리에 내려놓는 노래/ 찌찌찌찌 찌리릭,// 부리 닿은 가지마다/ 꽃 문 여는 하얀 동백"에서 들리는 동박새의 노래도 차라리 적막에 가깝다. '향긋한', '내려놓는', '꽃문을 여는' 이와 같은 표현은 적막을 그려내는 침묵의 언어다. 여기에 "찌찌찌찌 찌리릭'하는 동박새 새소리는 소리가 될 수 없다. 적막의 깊이를 더해주는 소리 없는 소리로 한없이 풍경을 깊어지게 한다. 그 끝에 피는 하얀 동백이다. 개화이면서 개벽이면서 개안이다. 하나의 세계가 고요를 넘어서 적막 속에 펼쳐진다.

"상현달이 내려앉은 양평 단월/ 백동 저수지에서" "깊은 하늘에 닿을 만큼/봉돌을 던져놓고," "낚싯대를 폈다. 그러나 문맥으로 보아 물고기를 낚는 것이 목적이 아니었다. 시적 화자는 "여린 별을 기다리고 있었다." 낚시를 던지고 별을 기다리는 행위는 명상에 가깝다. 그 고요한 밤에 명상을 하는 시적 화자의 주위엔 "소쩍새는 간간히/ 멀리 울고 있었다."(「흐르지 않는 밤」) 멀리서 우는 소쩍새 울음은 밤과 수심과 명상의 깊이를 돋구워 주는 적막의 소리이다.

다른 작품의 예를 들어본다. 시인은 어둠에 덮인 산을 오른다. "밤은/ 산을 삼키고/ 나는 한 걸음씩 번져갑니다" "축축한 바위에 앉아" 시인은 자문한다. "산 아래 아득히/ 깜박이는 불빛 거기/ 두고 온 나는/ 누구입니까" 자아성찰의 시간이다. 존재의 근원을 묻고 자아의 정체성을 묻는 시간이다. 그 행위의 절실함과 진정성을 드러내기 위하여 시인은 다시 적막을 동원한다. "부엉이가 먼 데서 깊숙이 울고/ 멈칫 돌아보지만 기척 없는,//먹물 같은 적막"(「수묵 산행」)이 바로 그것이다. 예에서 보듯이 오영효 시인의 시적 언어는 적막의 언어라 명명할 수 있으며 이는 그의 시가 갖고 있는 주제와 사유의 깊이를 효과적으로 확보해주고 있다.

어머니의 임종을 지키는 아들이 "저 큰 교회의 목사가 되었어요/ 어머니도 기쁘시지요/ 늘 바라시던 일이잖아요/ 스며들지 않는 말을/ 기도처럼 되뇌"인다. "소리 죽여 우는 아들", "꺼져가는 불씨의 눈길", "잦아드는 숨길", 어룽거리는 "검은 그림자" 유리벽 넘어 눈 내리는 "목동병원 2층 중환자실"이 그려내는 것은 무엇인가? "아득히 먼 풍경"(「어느 모서리」)이다. 다시 말하면 시인은 적막을 마주하여 적막의 진면모를 그려서 보여주고자 하는 것이다.

이같이 오영효의 시는 고요하고 침묵에 가까운 적막의 이미지를 그려낸다. 이로 하여 시 전편엔 적막이 다양하게 변주되어 시 세계의 깊이와 울림을 확보하고 있음을 볼 수 있다. 나아가 시인의 시에서 적막은 단순히 배경적 의미, 혹은 장식적 의미만을 지니지 않는다. 시의 주제를 효과적으로 드러내는 역할에서 그치는 것이 아니다. 시인의 시에서 적막은 곧 주제, 시 세계와 같은 위치에 놓이는 것이다.

2. 내밀한 교감의 시학

시인의 시적 사유는 다른 말로 표현하면 명상이라 할 수 있을 것이다. 읽다 보면 명상적 사유가 소리 없는 파동으로 가슴에 스미는 걸 알 수 있다. 이 명상적 사유를 교감이라 표현해도 무방할 것이다.

묵묵히 오래 견디면
구름을 이해할 수
있을까요

비를 맞고 숲 속에
꼼짝없이 서서
빗방울을 꽉 끌어안으면,

나무처럼
마음의 여기저기 곁가지에
잎이 돋아날까요

솔바람이 찾아와

정수리에 고인 비의 소리를

읽어줄까요

자욱한 안갯속

잃어버린 노래를

찾아줄까요

빗소리를 틀어놓은 오후

나는 벌써 숲 속에 섭니다

_「빗소리 명상」전문

　화자는 빗소리를 틀어놓고 있다. 이유는 간단하다. "잃어버린 노래를" 찾기 위해서다. 인간은 안갯속을 헤매듯 한 치 앞을 못 헤아리고 세속적 삶에 찌들어 가장 순수하고 맑고 향기로운 노래들을 잊고 산다. 잃고 살아간다. 그렇다고 수행자처럼 숲에 들어 명상을 하고 수행을 하기엔 삶이 녹록치 않다. 그때 필요한 것이 명상인데 화자는 그 명상으로 들어가는 입구를 빗소리에서 찾는다. 시 곳곳에서 등장하는 빗소리는 시인을 어떤 영성으로 이끄는 매개물로 작용한다. 잃어버린 노래를 찾으려면 하늘을 가린, 내 마음을 가린 시커먼 구름을 이해할 수 있어야 한다. 그러기 위해서는 "묵묵히 오래 견뎌야" 함을 화자는 알고 있다. 그리하여 그 구름이 비가 되기까지 기다린다. 비를 피해서는 안 된다. 빗방울을 꼭 끌어안아야 한다. 빗방울을 그저 수동적으로 맞는 게 아님에 주의하자. 적극적인 자세로 빗방울을 기꺼이 끌어안는다. '사랑'을 의미하는 것이다. 명상이 앉아서 생각하는 것이 아니라 정신의 역동적 사랑 행위임을 짐작케 하는 대목이다. 그다음 비로소 "마음의 여기저기 곁가지에/ 잎이 돋아"난다. 빗물에 젖어 마른 신경에 새순이 돋고 살아있음의 감각이 생기는 것이다. 화자는 "솔바람이 찾아와/ 정수리에 고인 비의 소리를/ 읽어"주기를 기대한다. 여기서 솔바람은 자연의 기운, 대지의 정령, 우주의 에너지로 풀이해도 무방하다. 이는 그 자연의 에너지가 화자 내면에 고인 생명의 기운과 교감하는 순간을 꿈꾸는 것이라 해석하는 것이 옳겠다. 쉽게 요약하여 말하자. 시인은 자연과의 교감(명상)을 통해 활력을 되찾고 생명의 기운을 회복하고자 하는 것이다. 그 매개체가 빗소리인 것이다.

"제 몸 부풀리며 겨우내/ 투명한 소리의 발을 묶어놓고/ 따스한 햇살을 기다렸던 겁니다// 얼음 건너온 물의 입김은/ 떨며 추위 견딘 마른 풀잎에게 /숨결 가만히 불어넣고 있었지요// 턱 밑에 받쳐 둔 조롱박 속에서/ 방울방울 퍼져오는 소리의 파장들/ 따끔 한 모금 삼월을 마십니다"(「한 모금의 삼월」) 구름산 약수터 봄이 오는 풍경이다. 이 풍경은 그저 고즈넉한 듯 보여도 들여다보면 매우 역동적이다. '따스한 햇살'에 '물의 입김'은 마른 풀잎에 '숨결을 불어넣고' '방울방울 소리의 파장들이' 퍼져온다. 화자는 그 물방울의 파장을 한 모금 마신다. 사물들이 연쇄적으로 서로에게 영향을

미치고 그것을 받아들이고 또 다른 사물에게 건네준다. 이는 단순한 물리적인 자극의 전달이며 수용이 아니라 그 어떤 기운, 에너지, 심리적인 교감으로 이해해야 옳다.

"어젯밤 내린 비로/ 침엽의 이파리마다/ 맑은 새벽이 맺혔다// 톱밥 향기는 사륵사륵/ 걸음을 받으며 귓속말을 하고/ 알아듣지는 못하지만, 그에게/ 스며들고 있다는 걸 안다// 새들은 젖은 새벽을 물고 날아갔다/"(「篇篇한 숲」)에서 보듯이 '교감'은 '맺히고' '귓속말을 하고' '스미는' 방식으로 변용된다. "아끼는 인연처럼" 사물과 사물의 교감 속에서 인간 개체인 시적 화자도 그 일부가 되어 스미거나 동화되는 방식을 취한다.

보글보글
밤을 우는 개구리
몰래 와서 찔레꽃을 탐하는
눈썹달

작은 물목을 만들며
쏟아지는 소나기
토당토당 장독 위에 수를
놓는 빗방울

이런 것들을
백지 위에 베껴 쓰고는

제목 밑에 슬그머니 적는

이름 석 자

참 민망할 때가 있습니다

_「표절」 전문

'개구리', '찔레꽃', '눈썹달', '소나기', '빗방울' 들이 교감의 주체이다. 이들의 내밀한 교감으로 이루어낸 풍경, 생명 무생명이 넘나들며 그려내는 조화로운 한 폭 그림이다. 시에 쓰인 소재들은 생명, 무생명의 구분과 경계가 무색하다. 모두 생명의 중력장 안에 하나가 된다. 그리고 서로가 서로의 원인과 결과이며 공존과 상생의 상호작용 관계에 놓인다. 앞서 말했듯이 생동감과 생명력이 주제를 이루고 있는 이 풍경은 소리가 있되 그 소리는 적막하고 정밀하여 아득한 깊이에서 울려나오는 듯하다.

여기서 중요한 것은 시인(혹은 시적 화자)의 위치이다. 시인은 이 풍경 속에서 주체적 위치에 있지 아니하다. 개구리와 찔레꽃……들의 하나이다. 일부이다. 그러한 자신을 시인은 "이런 것들을/ 백지 위에 베껴 쓰고는/ 제목 밑에 슬그머니 적는" 표절자라고 표현하고 있다. 물론 겸손의 표현이다. 인간이 자연의 주체라고 하는 오만함을 보여주고 싶지 않은 자세라고 볼 수 있겠다. 자연이 만들어놓은 풍경 속에 겸허한 자세로 자신의 위치를 낮은 자리에 설정한 것이다.

자신의 주도 하에 작위적으로 만들어낸 게 아니라 자연이 빚어놓은 것을 빌려왔을 뿐이다. 모방한 것이다. 나아가 그런 의미에서 겸손하게 표현하여 표절이라고 한 것이다. 인공을 포함한 자연의 일부로 참여하고 교감하고 있을 뿐이라는 뜻이겠다.

  시인은 대상에 대해 적극적으로 개입하고 간섭하며 통제하고 조작하는 대신에 마주하고 있는 세계의 다만 일부로 참여하고 있다. 시인은 조력자이거나 관찰자 내지는 관조자의 위치에 자신을 설정하고 있다. 진정한 의미에서 교감은 이렇게 대상과 수평적인 관계에서 이루어진다.

  거품 같은 새벽을 게워놓고
  눈을 감았다

  짧은 생의 흔적을 닦아주며
  몇 방울의 기도가 위안이 될까

  목줄만 잡으면 경중거리며
  저 먼저 대문을 나서던 솔솔이

  서로의 교감으로
  느슨해지기도 팽팽해지기도 했던 길

  떠나고 보내는 일은

좀처럼 익숙해지지 않는데,

오늘도 산책하기 좋은 아침
현관 벽걸이에 덩그러니 목줄만 걸렸다

_「줄」

　죽은 반려견을 회고하며 그와의 교감의 시간을 회상하는 내용이다. "서로의 교감으로/ 느슨해지기도 팽팽해지기도 했던 길"을 함께 했던 반려견 솔솔이는 이제 여기에 없다. 함께 했던 시간 솔솔이가 앞서가려 할 때 느슨하게 풀어주기도 하고 가까이 오게 하려고는 목줄을 당기면서 서로의 마음을 읽어주었다. 말없이도 교감은 이루어진다. 타생물과도 마음을 주고 받는 것이 교감이다. 생물이 아니어도 우주 만물과 마음을 나누는 것이 교감이다. 어쩌면 솔솔이처럼 더 이상 교감이 가능하지 않을 때 그 지점을 죽음이라 이르는지도 모른다. "현관 벽걸이에 덩그러니 목줄만" 걸린 상황 앞에서 시인은 망연하다. 그 교감의 상대가 사라졌을 때의 상실감과 슬픔을 시인은 노래하고 있다. 타자에 대한 깊은 이해와 연민이 없다면 교감은 이루어지지 않거나 가짜다. 내밀하고 정밀하고 진정성 있는 교감을 다른 말로 표현하면 그것은 사랑이다. 어미 잃은 새끼 고양이, "눈도 못 뜨고/ 버둥대던 새끼 고양이/꽁이와 양이"를 소생시켜 놓으니 젖을 먹고는 "분홍빛 입 속을 보여주며/ 애옹 애에옹/ 물결 속에 흔들리는/ 햇살 같은 말" '옹알이'를 한다. 시인은 이를 일러 "햇살 같은 말"(「말을 트다」)이라 표현한다. 말은 소통의 소구이다. 그러나 소통을 넘어선 교감은 꼭 인간의 언어만으로 이루어지는 것은 아니다. 고양이가 하는 옹알이로도 교감은 이루어진다. 그것을 연민과 사랑이라 부르지 않는다면 달리 표현할 말이 없다. 교감 없이 어떻게 삶과 시가 가능할까? 오영효 시인의 시는 이처럼 생물, 무생물 모든 주변 세상과의 교감과 연민, 사랑이 그 바탕을 이루고 있다. 그래서 시인에게 시를 쓰는 일은 만물과 '교감'하는 일이며 그것의 기록이다.

사각사각 연필을 깎자니
종이 위에 소복이
숲의 속살이 쌓인다

향기로운 살내음
막힌 길의 행간에
물 길 트일 것 같아서,

촉을 나란히 세워놓으면
가늘게 흔들리는
각시붓꽃 이파리

휘어지는 바람 끝에
아슬아슬 흔들리는

보랏빛 꽃

_「새벽 詩」

  온갖 만물이 깨어나는 시간, 어둠이 가시고 새 빛이 밝아오는 시간에 시인은 맨 먼저 연필을 깎는다. 연필은 숲에서 왔다. 숲의 향기를 간직하고 있는 나무를 깎으며 촉을 세운다. 여기서 촉은 연필심의 날카로운 끝부분을 가리키는 말이겠으나 촉은 사물의 변화와 질감과 온도와 깊이와 높이를 감지하는 감각의 촉수를 가리키는 중의적 의미로 쓰였다. 촉이 서 있어야, 촉이 살아있어야 그 촉에 만물의 숨결이 포착되는 것이므로 시인이 일어나 맨 먼저 하는 일이 연필을 깎아 촉을 다듬는 일이다. 시인은 연필을 깎으며 그 향기의 안내로 숲에 든다. 그 향기로 시를 쓴다. 연필의 촉을, 의식과 감각의 촉을 세우면 "가늘게 흔들리는/ 각시붓꽃 이파리가/" 그려진다. "휘어지는 바람 끝에/ 아슬아슬 흔들리는/ 보랏빛 꽃/"이 그려진다. 이 시에서 보듯이 숲과 각시붓꽃과 교감을 하는 일이 곧 시를 쓰는 일임을 알 수 있다. 시를 쓰는 일이 세속적인 어떤 보상이 주어져서라기보다 세상과의 교감을 가능케 하는 일이라서 어쩌면 시인에게 주어진 영적인 선물인지도 모른다. 앞에서 보았듯이 교감은 연민과 사랑의 또 다른 이름이다. 늘 깨어있음은 고통이로되 한편 축복이 아닐 수 없다. 그 고통의 촉은 인간을 성숙하게 하며 더 높고 향기로운 곳으로 도약을 하게 한다.

장비를 차고 바위에 붙었다

숨겼던 손톱을 꺼내
피멍의 필적을 새긴다

팽팽한 호흡으로
바위비늘 틈새에 발끝을 꽂는다
한 발짝 가벼워지는
지난 시간의 무게

심장 속에 새를 키우는 사람들,

추락의 공포를 건너고 나면
수직의 벽도
수평의 길이 되는 법

다 비워내고
정상에 발을 놓아야
바람의 날개를 얻을 수 있다고,

하늘 한쪽 가슴에 품고
한 뼘씩 깃털을 얻기 위해
상승기류를 더듬는다

_「날개」

　암벽등반을 하는 모습을 그려놓았다. 여기서 암벽을 타고 바위를 기어오르는 사람에게 시를 쓰는 시인을 겹쳐놓아도 무방하다. 아니 여기서 암벽을 등반하는 사람은 시인 그 자신이라고 할 수 있다. 시를 쓰는 일이 암벽등반과 같은 일이라고 말하고 있다. 연필을 깎는 일로 숲에 들 듯이 장비를 차고 암벽에 자신을 밀착시킨다. "숨겼던 손톱을 꺼내/ 피멍의 필적을 새기"는 일은 촉을 세워 숲과 교감하여 한 줄 시를 쓰는 일과 다르지 않다. 시는 피멍의 필적이다. 자신의 내면과 싸워 피 흘린 흔적이다. 무엇을 위한 싸움일까? 시인은 암벽등반을 하는 사람을 "심장 속에 새를 키우는 사람"이라고 정의한다. 이는 시인에게 적용해도 아무 무리가 없다. 시인은, 암벽등반이 저 높은 하늘을 향해 한발 한발 내딛듯 추락의 공포를 이겨내면서 "수직의 벽도/ 수평의 길이 되는 것처럼" 가파른 내면의 적들과 싸워 극복하고 비로소 안식과 평화의 한 줄 시를 얻는 것이다. 수직의 암벽이 가진 경사란 내면의 적, 인간에게 내재된 온갖 부조리한 것들, 위선과 허위와 탐욕 아닐까 싶다. 그것들을 비워내는 것이 자신에 대한 도전이고 그 작업이 시를 쓰는 일이다. 그러나 다 비워내고 바위의 정상에 오르는 것만이 최종 목적은 아니라고 시인은 말한다. 암벽을 타는 것은 결국 날개를 얻기 위한 것인데, 그가 궁극적으로 지향하는 일은 저 푸른 하늘로의 비상이다. 자유를 향한 비상 의지가 그의 시 쓰기의 동력인 것이다. 암벽을 타듯 한 편의 시를 썼다고 해서 끝나는 일이 아니다. 겨우 한 뼘의 깃털을 얻은 것이기 때문이다. 암벽등반가가 "팽팽한 호흡으로/ 바위비늘 틈새에 발끝을 꽂"듯이 시인이 세상과 대면하여 교감을 꿈꾸는 일은 수직의 가파른 경사를 극복하고 수평의 길을 찾는 일이며 비상을 위하여 날개를 키워나가는 일이다. 시인이 한땀 한땀 시를 쓰는 일은 그래서 상승기류를 더듬어 한 발짝씩 암벽을 기어오르는 일인지도 모른다.

지금까지 시인의 언어적 특성이 적막에 기반을 두고 있으며 그것은 단순히 시적 분위기만이 아니라 오히려 시의 주제와 떼어낼 수 없는 관계에 있음을 살폈다. 그리고 내밀한 교감을 통하여 한 줄 시를 빚어내는 것을 보았다. 그 끝이 시인의 자유를 향한 비상 의지를 향해 있음도 보았다. 그리고 그것은 자신을 포함한 이 세계에 대한 연민과 사랑의 필적임을 부인할 수 없다.